Ralf Apel & Alexandra Funk

HOLZ Stecker

Laubsägearbeiten für Haus & Hof

Vielseidig Verlag

Liebe Bastlerinnen, Liebe Bastler

Dekoratives Wohnen ist ein Thema, das in letzter Zeit groß im Kommen ist. Jeder möchte Haus und Garten gern etwas auflockern und ganz nach seinem Geschmack gestalten und verzieren. Es sind zumeist kleine Gegenstände, die enorm dazu beitragen, der alten Umgebung eine neue Wirkung zu verleihen.

Auch wir haben uns darüber Gedanken gemacht und meinen, daß sich in den Trend zur Natur hervorragend Arbeiten mit Holz einreihen lassen. Kleine und größere Laubsägearbeiten können mit wenig Materialaufwand ganz leicht gefertigt werden. So lassen sich nette Geschenke oder Dekorationsstücke in kurzer Zeit daraus herstellen. Lackiertes Sperrholz eignet sich gleichermaßen für innen und außen. Außerdem denken wir, daß Laubsägearbeiten das Richtige für Groß und Klein sind und einem gemütlichen Bastelnachmittag nichts mehr im Wege steht. Wir hoffen, daß bei unserer Auswahl für jeden etwas dabei ist, und wir die kreativen Zellen etwas angeregt haben.

Eine Gute Zeit wünschen Sandy & Ralfi

Und so geht´s!

Zeichnen Sie die Konturen des Vorlagenbogens mit dem DEKA-Bügelmusterstift (o. sehr weichem Bleistift) nach. Dann legen Sie das Papier mit der gezeichneten Seite auf das Brettchen und zeichnen die Konturen mit dem Prägestift (o.a. harten, runden Gegenstand, z.B. Stricknadel usw.) nach. Befestigen Sie hierzu Ihr Papier mit Tesafilm, damit es nicht verrutschen kann.

Das Motiv wird nun ausgesägt. Gleichen Sie kantige Ränder mit einer feinen Feile aus und schmirgeln Sie die ausgefransten Stellen schön glatt. Grundieren Sie jetzt das Teil mit stark verdünntem Weiß. Das bewirkt, daß sich die Holzfasern aufstellen und nach dem Trocknen erneut abgeschliffen werden können. Außerdem sieht man die vorgezeichneten Striche noch durch.

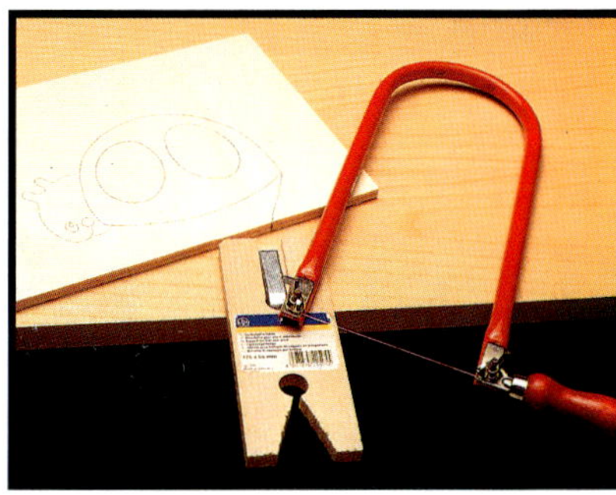

Nun bemalen Sie den Holzstecker ganz nach Geschmack oder nach unserem Beispiel. Anschließend wird das Werkstück lackiert. Nach dem Trocknen können Sie das Loch für den Stab bohren und diesen noch mit verschiedenen Bändern, Schleifen, Perlen etc. verzieren.

Was brauche ich? Siehe “Werkzeug” bei Emily Eule Seite 12!

DER FLAMINGO

Material: Sperrholz 8 mm
Holzstab 5 mm
2 Schleifenbänder Altrosa und Weiß

Farben: DEKA-Colormatt, RAYHER-Allesfarbe
Rosenholz, Karmin, Schwarz, Weiß, Gelb

Zuerst legen Sie den Flamingo flächig mit Rosenholz an. Um Hals, Bauch und Flügel wird mit Karmin schattiert. Die hellen Partien, die z.B. die Federn etwas plastischer wirken lassen, entstehen durch leichtes Aufmalen von verdünntem Weiß. Mit einem Linierpinsel oder dünnem Aquarellpinsel (ca. Stärke 3) malen Sie die schwarzen Konturen auf. Der Flamingo ist der einzige Stecker, bei dem der Stab aus Holz besteht, welches sich leichter bemalen läßt. Allerdings eignet er sich dadurch weniger für feuchte Bereiche.

TUKAN

Witzig als Anhänger

Material: Sperrholz 8 mm
Messingstab 4 mm
Schleifenband Türkis
4 Holzperlen Gelb (Rayher)

Farben: DEKA-Colormatt, RAYHER-Allesfarbe
Goldgelb, Mohnrot, Maigrün, Türkis, Pastellgelb (Gelb und Weiß), Orange, Hellbraun, Dunkelbraun, Schwarz, Weiß

Der Tukan ist wie im echten Leben eine der schillerndsten Figuren. Hier haben wir uns für satte und kräftige Farben entschieden, die sich sehr schön vom schwarzen Federkleid abheben. Bis auf den Schnabel sind alle Teile einfach flächig ausgemalt. Diesen haben wir dann an den gelben Kanten mit Mohnrot schattiert, damit die Rundungen noch stärker hervortreten. Um den Stab sitzt eine doppelte Schleife, an deren Enden hellgelbe Dreikantperlen befestigt sind.

ZWERG MIT KÄFERLEIN

Material: Sperrholz 8 mm und 4 mm
Messingstab 4 mm
Schleifenband Rot

Farben: DEKA-Colormatt, RAYHER-Allesfarbe
Haut (Pfirsich), Mohn, Aqua (Hellblau), Goldgelb, Pink, Dunkelblau, Mokka, Nougat, Blattgrün, Hellgrün, Schwarz, Weiß

Der Zwerg besteht aus zwei Teilen, d.h. die Blumen sind aus Sperrholz (4 mm) und werden zum Schluß aufgeklebt. Sie bemalen zuerst alle Teile flächig, und schattieren danach verschiedene Teile. Das Gesicht wird ringsum lebendiger durch das Auftragen von stark verdünntem Nougat. Der Gehrock wird in den Falten sowie unterhalb des Bartes mit verdünntem Mohn schattiert, die Mütze und der Bart mit Schwarz. Beim Grasteil unter den Füßen einen Schatten anlegen. Kleine Lichteffekte werden mit Hellgrün gesetzt. Die schwarzen Konturen am besten mit einem Linierpinsel zeichnen.

MEIN ZUHAUSE

Material: Sperrholz 8 mm
Messingstab 4 mm

Farben: DEKA-Colormatt, RAYHER-Allesfarbe
Karmin, Maigrün, Grün, Gelb, Aqua,
Petrol, Mokka, Grau, Schwarz, Weiß

Der Pilz hat die häufigsten Schattierungen in verschiedenen Farben. Die rote Kappe wird am Rand mit Schwarz schattiert, die weißen Punkte nur unten mit Grau. Beim Stiel verwenden Sie abwechselnd Schwarz, Grau und Mokka. Ziehen Sie die Farben hierbei immer von unten nach oben. Das hellgrüne Gras wird wieder ringsum mit Grün schattiert. Die aquafarbenen Augen mit Petrol schattieren und anschließend mit Schwarz etwas einfassen. Zum Abschluß kleine Glanzeffekte mit Weiß setzen.

Türschild:

Das Türschild besteht aus Materialien und Farben wie oben. Sie brauchen nur einen Namen nach Wunsch ins Grün zu schreiben.

Wunderbar als Türschild geeignet

EMILY EULE

Material: Sperrholz 8 mm
Messingstab 4 mm
2 Schleifenbänder Lavendel und Dunkelblau

Farben: DEKA-Colormatt, RAYHER-Allesfarbe
Türkis, Dunkelblau, Maigrün, Goldgelb, Mohnrot, Orange, Violett, Weiß, Schwarz

Werkzeug: Laubsäge
Schleifpapier, feine Feile
Prägestift
DEKA-Bügelmusterstift
Transparentpapier
Pinsel Gr. 5-8, Linierpinsel
Holzleim (Ponal)
Bohrer 4 mm

Emily wird ausschließlich flächig angelegt. Eine Ausnahme wird nur beim Schnabel gemacht. Diesen haben wir leicht mit Mohnrot schattiert.

Die beiden Schleifenbänder bilden den Abschluß dieses einfachen und dennoch wirkungsvollen Steckers.

RÜDIGER RAUPE

Material: Sperrholz 8 mm
Messingstab 4 mm (2 kleine Stücke)

Farben: DEKA-Colormatt, RAYHER-Allesfarbe
Maigrün, Grün, Tanne, Lila, Mohn, Schwarz, Weiß

Rüdiger mag zwar sehr gefräßig sein, dafür ist er beim Farbverbrauch sehr genügsam. Natürlich ist seine Lieblingsfarbe Grün, und davon hat er gleich drei: Hellgrün für den Kopf, Grün für den Körper, und die Körperrillen sind mit Tannengrün schattiert. Am Schluß wird die Körperkugelform mit weißen Lichteffekten verdeutlicht.

Lustig auch als Schlüsselbrett

Schlüsselbrett: Sperrholz 4 mm
Holzkugeln 20 mm
Rundstab ca. 4 mm

Farben: wie oben
zusätzlich Gelb, Orange, Pink, Blau, Aqua

DIE BLUME

Material: Sperrholz 8 mm, 4 mm
Messingstab 4 mm
Schleifenband Pink
Blütenscheibe aus Holz in Rosa (Rayher)

Farben: DEKA-Colormatt, RAYHER-Allesfarbe
Goldgelb, Pink, Grün, Dunkelgrün, Maigrün, Violett, Orange, Schwarz, Weiß

Die Blume und der Käfer bestehen aus zwei verschieden starken Teilen, wobei für den Käfer ein 4 mm Sperrholzbrettchen ausreicht.

Zuerst wird die Blume flächig ausgemalt, dann verschiedene Teile schattiert. Die Blüten erhalten durch das Orange mehr Lebendigkeit, ebenso das rosafarbene Innenteil, welches mit Violett verlaufend gemalt wird. Für den Stiel haben wir ein Dunkelgrün unterhalb der Blüte gewählt, dies bringt eine gewisse Tiefenwirkung.

Das Käferlein wird nach der Bemalung auf die Blüte geklebt. Die rosa Schleife haben wir an den Enden mit rosafarbenen Blütenscheiben verziert.

KÄTHE KUH

Farben: DEKA-Colormatt, RAYHER-Allesfarbe
Schwarz, Weiß, Rosa

Material: Sperrholz 8 mm
Messingstab 4 mm
Schleifenband, Perlen

Schön als Fensterbild oder Geschenkanhänger

Malen Sie erst alle weißen Stellen von Käthe an. Achten Sie darauf, kleine vorgezeichnete Striche, wie z.B. Augenbrauen, Nasenlöcher etc., zu umranden. Das Maul wird rosa schattiert, ebenso die Innenohren. Mit Ocker bemalen Sie die Hörner und schattieren sie mit Schwarz. Der Haarschopf wird grau angelegt (eine Mischfarbe aus Schwarz und Weiß, je nach Geschmack), ebenso der Schweif. Der Rest, also Flecken und Gesicht, wird schwarz gemalt. Für die dünnen Striche verwenden Sie am besten einen Linierpinsel. Wenn alles gut getrocknet ist, können Sie Käthe lackieren. Am Stab wird die Schleife befestigt, an den Enden die Glöckchen.

DER FANTASTISCHE FISCH

Material: Sperrholz 8 mm und 4 mm
Messingstab 4 mm
Schleifenband Wasserblau (Amethyst)
Rillenperlen aus Holz, Blau 12 mm (RAYHER)

Farben: DEKA-Colormatt, RAYHER-Allesfarbe
Orange, Meergrün, Indigo, Hellgrün, Lila, Goldgelb,
Karmin, Violett, Petrol, Schwarz, Weiß, Brillantgold

Der fantastische Fisch sieht auf den ersten Blick schwierig aus, ist aber mit etwas Geschick leicht zu bemalen. Alle Körperteile werden flächig ausgemalt. Schattiert wird lediglich der Kopf mit Karminrot sowie der Körper am Rand mit Petrol. Die Schwanzflosse malen sie verlaufend von Indigo in Violett. Etwas Geduld verlangen die Rücken- und Seitenflossen, die aus vielen Vierecken bestehen. Am besten malen Sie zuerst alles Weiß, achten aber darauf, daß man die vorgezeichneten Striche noch sieht. Jetzt müssen nur noch die schwarzen Felder ausgemalt werden. Die Seitenflosse aus Sperrholz (4 mm) zum Schluß aufkleben.

KLARISSA KÄFER

Material: Sperrholz 8 mm
Messingstab 4 mm

Farben: DEKA-Colormatt, RAYHER-Allesfarbe
Mohn, Schwarz, Weiß, Grau

Klarissa ist der einfachste Stecker. Der rote Flügel wird nur flächig angelegt und der graue Kopf am Rand mit Schwarz schattiert. Aus einer Mischung von etwas Weiß und ganz wenig Mohn die Wange aufmalen.

Zum Schluß können Sie den Stecker noch mit Bändern und Perlen verzieren.

Geschenkanhänger: Hier ist Klarissa nur kleiner und aus 4 mm Sperrholz!

SALLY SCHNECKE

Material:

Sperrholz 8 mm
Messingstab 4 mm
Schleifenbänder Altrosa und Dunkelblau
1 rosa Perle

Farben:

DEKA-Colormatt, RAYHER-Allesfarbe,
Pastellgelb (Gelb und Weiß), Erika, Dunkelblau,
Schwarz, Weiß, Pfirsich, evtl. Metallicrosa

Sally ist recht schnell gemalt. Körper und Haus werden flächig angelegt. Anschließend haben wir den Kopf und den Körper unterhalb des Schneckenhauses mit Pfirsich leicht schattiert. Um die Rundungen des Hauses besser hervorzuheben, wird mit Weiß schattiert. Je nach Geschmack können Sie noch Glanzpunkte mit Metallicrosa setzen. Oben am Stab sitzt die rosa Perle, darunter zwei Schleifen mit unterschiedlichen Farben.

GUNDULA GANS

Material: Sperrholz 8 mm und 4 mm
Messingstab 4 mm

Farben: DEKA-Colormatt, RAYHER-Allesfarbe
Weiß, Indigo (Blau), Orange, Gelb, Schwarz

Gundula beweist, daß man auch ohne viele verschiedene Farben einen anspruchsvollen Dekostecker gestalten kann. So begnügt sie sich ganz in Weiß mit leichten Schattierungen an Kopf, Bauch und Bürzel mit stark verdünntem Schwarz (man kann sich auch ein Grau mischen). Der Schnabel wird ringsum mit Orange schattiert. Die 4 mm starke Schleife haben wir mit Schwarz und Weiß zweifach leicht schattiert, wobei das Weiß mehr den Lichteffekt zum Ausdruck bringt.

Tischständer: Sperrholz 8 mm und 4 mm
Holzkugel 30 mm
Rundstab aus Holz, 8 mm
Farben wie oben

In die Holzkugel wird ein Spalt von 4 mm gefräst oder gesägt, worin später Gundula platz nimmt. In Kugel und Standfuß (ca. 10x10 cm, s=8 mm) bohren Sie ein Loch von 8 mm und kleben die Stabenden darin fest.

LE CHAT (DIE KATZE)

Material: Sperrholz 8 mm
Messingstab 4 mm
1 Perle Gelb
Schleifenband Pink

Farben: DEKA-Colormatt, RAYHER-Allesfarbe
Schwarz, Weiß, Maigrün, Gelb, Pink, Indigo (Blau), Tanne

Unser abstraktes Kätzchen ist fast komplett Schwarz. Deshalb haben wir uns bei Gesicht und Schwanz für relativ grelle Farben entschieden, die sich dann stark vom Schwarz abheben. Bemalt wird das Kätzchen flächig. Lediglich die Sterne haben wir etwas mit Pink schattiert und bei den Augen, Ohren und Schnäuzchen mit Weiß Akzente gesetzt.

Türstopper: Sperrholz 4 mm
Keil ca. 9 cm breit, 1.5 cm hoch, Länge je nach Türschlitz
2 Holzschrauben

Zum Stoppen der Tür

Auf den Spuren der Indianer

Material: Sperrholz 8 mm
Messingstab 4 mm (2 kurze Stücke)
2 Perlen

Farben: DEKA-Colormatt, RAYHER-Allesfarbe
Schwarz, Karmin, Goldgelb, Orange, Türkis, Ocker, Indigo (Blau), Violett, Nougat, Mokka, Weiß

Der Totempfahl sieht anfangs etwas kompliziert aus. Wenn Sie aber Schritt für Schritt vorgehen, ist es zu schaffen. Der schwarze Vogel wird flächig ausgemalt. Den Schnabel haben wir durch das Auftragen von Orange, Nougat und Weiß etwas plastischer wirken lassen. Beim Mittelteil (Trommel) wurden die Brauntöne etwas gemischt ,z.B. Nougat, Weiß, Gelb oder Mokka, Gelb und Rot. Verwenden Sie beim Mischen die dunklen Farben sehr sparsam, da sich der Farbton schnell ändert.

Die untere Figur wird ringsum mit Schwarz schattiert, Arme und Beine zusätzlich mit Mokka.

Vielseidig Verlag

Viele schöne Anregungen zum Verschenken oder Dekorieren enthalten auch unsere Moosgummi-Bücher.

Moosgummi

Heft Nr. 3

Erscheinungstermin Frühjahr 1996

Laubanger 19B • 96052 Bamberg — Vielseidig Verlag — GROH & Co. • Tel. 0951/6 89 97